Inspira, Respira &... Pira!

Por Dani Leite e Tati Leite

Ilustrações Marina Nicolaiewsky

BAMBUAL
editora

Duas irmãs se avizinhando.

Pelas janelas de suas casas, se olham, se apoiam nas suas maternidades, se fazem companhia num mundo em pandemia. Unem ainda suas paixões, seus projetos de vida, entrelaçam suas carreiras e seus talentos. Criar juntas é seu ritual de cura e dessa dança nascem sementes boas.

E se a gente pudesse compartilhar com mais mulheres isso aqui, que nos faz tão bem? E se a gente fizesse uma curadoria de tudo que nossa rede incrível de amigas bruxas faz e espalhasse pra mais e mais mães cansadas e solitárias?

Esse livro começou como uma jornada online de 21 dias de autocuidado para mulheres. Mulheres trabalhadeiras e acolhedoras, responsáveis e cuidadosas, criativas e carinhosas, dedicadas às suas triplas jornadas e às suas casas, crias e carreiras. Mulheres, portanto, exaustas e sem tempo para si, ou melhor, sem energia pra cavar para si o espaço interno e externo de parar todo o resto e, por 15 minutinhos, se escolher. Escolher ser inspirada por um livro ou um podcast. Decidir sentar e respirar numa meditação guiada. Conseguir levantar e mexer o corpo durante uma música inteira... ou duas...ou cinco.

Inspira, Respira e...Pira! é, portanto, um empurrão. Um convite praticamente irrecusável, pois as desculpas internas e as pressões externas ficam sem chão quando confrontadas com esse fator: 15 minutos por dia todo mundo tem. Eu, como amiga dessas mulheres (que honra!), ilustradora desse projeto (que grandisíssima honra!) e participante dessa jornada, ofereço aqui meu depoimento: você será arrebatada pela simplicidade profunda dessas pílulas diárias.

Textos inspiradores para ler e para ouvir, músicas para mergulhar e rebolar, exercícios para levar para a vida, insights para guardar no peito, aprendizados para tatuar na pele. Algumas páginas farão todo sentido do mundo, outras te atravessarão sem fazer alarde e alguns dias poderão te capturar por inteira. Não será uma surpresa se muito dessa jornada virar material para sua terapia. Esse livro é um espelho forte, um encontro marcado consigo mesma, para ser desfrutado entre fraldas e almoços, reuniões e sonecas, faxinas e passeios. Aprecie-o sem moderação.

Dizem que são necessários 21 dias repetindo uma mesma ação para que ela se torne, enfim, um hábito. A gente sonha, espera, deseja e manifesta que todas nós, mergulhadoras dessa jornada, possamos enraizar esses hábitos de autocuidado em nossas rotinas malucas. Que esses rituais de inspiração, respiração e muita piração — e todos os que ainda virão — possam se embrenhar nos cantinhos dos nossos corpos-casa e tornar-se parte de quem somos no mundo. Que das sementes plantadas por essas irmãs vizinhas nasçam flores de amor próprio nas janelas de todas nós.

Marina Nicolaiewsky

Quem somos.

Viemos de mulheres extraordinárias. Nossa avó materna teve 7 filhos e foi a primeira astrônoma do Brasil, nos inspirando a olhar para o céu e sonhar grande. Nossa avó paterna, professora e mãe de 6 filhos, nos ensinou a olhar para o chão e nos encantar com a simplicidade e beleza surpreendente dos matinhos, que passam despercebidos pela maioria.

Nossa mãe merece um livro só para ela. Mãe de 4 mulheres maravilhosas (e modestas, rs), é pós doc em arte-educação e recentemente voltou a estudar e praticar permacultura: a cultura da permanência... Aliás, falando em permanência, um *aho* lindo para nosso pai, que forma com ela o casal mais apaixonado que conhecemos. E olha que começaram muito cedo. Tiveram Dani ainda adolescentes. E viraram avós aos 36/38, quando Dani se tornou mãe, aos 19.

Mãe do Caio (hoje com 25) e casada há 26 anos, Dani é phD em fisiologia. Teve duas empresas de pesquisa em medicamentos, mas deixou a ciência para se tornar cobaia de si, pesquisando outros tipos de cura. Hoje é mentora integrativa focada em empresários — e dona de um repertório bruxólico divino. Reikiana e consteladora, também é autora do livro Mulheres Que Soul, grande inspiração desta jornada.

Tati é mãe de 2 meninos, Téo e Lui, hoje com 9 e 7 anos — além de 2 coelhos e 1 cachorro. Largou a carreira em marketing na Coca-Cola para virar empreendedora social com o marido, com quem há 12 anos fundou e lidera a Benfeitoria, a plataforma de financiamento coletivo que viabilizou esse livro e mais de 12 mil outros projetos de impacto.

Nascimento da Curadoria.

É claro que isso é só parte da história (temos 85 anos juntas, rs). Parece tudo muito lindo, mas mesmo com tantos privilégios (raciais, sociais, culturais, econômicos e afetivos), a trajetória pessoal e profissional de cada uma até aqui foi extremamente desafiadora. Em momentos, motivos e níveis diferentes - alguns, quase insuportáveis. Um deles, vivemos juntas: a pandemia, contexto no qual esta jornada nasceu.

Há décadas vivendo em estados diferentes, tínhamos acabado de virar vizinhas, morando na mesma rua de uma ilha mágica (Floripa!), onde Dani já estava com a família há mais de 20 anos. E foi nos encontros de máscaras aos fins de semana, nas nossas trocas como irmãs, empreendedoras e cidadãs, preocupadas com o adoecimento do mundo (e atentas ao nosso), que nasceu a CURADORIA, um projeto de curadoria e produção de conteúdos e experiências de cura, em todos sentidos da palavra.

A ideia é disseminar e democratizar o acesso a práticas [possíveis] de autocuidado entre mulheres. Práticas que já nos salvaram e poderiam estar reunidas de forma acessível e lúdica, formando jornadas voltadas para ampliação de repertório e para a apropriação de saberes ancestrais e científicos, na busca do bem estar e de curas internas.

Sobre esta jornada.

Nossa primeira jornada, batizada de "Expresso do Autocuidado", foi criada pensando em mulheres que estavam sem tempo de se cuidar, especialmente, mas não exclusivamente, mães de filhos pequenos. Por isso, as propostas curadas e produzidas respeitam sempre o limite de 15 minutos diários.
Feito é melhor que perfeito :)

A jornada piloto foi experimentada online por mais de 100 mulheres e o retorno foi tão profundo e emocionante, que decidimos transbordá-la neste livro, que ganha corpo e alma com as ilustrações da maravilhosa Marina Nicolaiewsky. Mas a estrutura segue a da jornada original: 21 dias com doses diárias de inspiração, respiração e… piração!

Esse é um livro-portal. Portal para si e para conteúdos que podem transformar seu dia, sua vida e seu arredor. **Mas atenção: não é para ser mais um peso.** Caso não consiga (ou não queira) fazer alguma prática, substitua por outra. Só não deixe de fazer. Não porque é obrigatório, mas porque você merece. E estamos falando só de 15 minutos. Por 21 dias.

Se, em algum dia, nem 15 minutos de pausa for viável (sabemos que acontece), busque suas doses diárias de autocuidado em alguma atividade que já faz: coloque uma música que ama enquanto se arruma; beba água com mais presença; tome banho rebolando!

Você vai se surpreender com a simplicidade e a potência desta busca intencional — e do seu próprio poder de mudar sua forma de sentir e se relacionar.

Desejamos uma linda viagem!

Seja bem vinda!
Nossa jornada foi pensada em cima da "Teoria U": na primeira semana, vamos nos esvaziar dos excessos que carregamos para nos preenchermos de nós mesmas; na segunda, vamos nos apropriar dos nossos poderes; e na terceira, vamos trabalhar nossas relações com o mundo. Cada dia, um tema diferente será trabalhado.

Os 21 dias.

Semana 1 — Limpeza

Dia 1: Despressurize 12
Dia 2: Esvazie-se 14
Dia 3: Desacelere 16
Dia 4: Poda 18
Dia 5: Perdão e aceitação 20
Dia 6: Limites 22
Dia 7: Ressignificar 24

Semana 2 — Apropriação

Dia 8: Poder do Autoamor 28
Dia 9: Poder Alquímico 30
Dia 10: Poder do Feminino e do Masculino 32
Dia 11: Poder Físico 34
Dia 12: Poder Mental 36
Dia 13: Poder Emocional 38
Dia 14: Poder Espiritual 40

Semana 3 — Ação

Dia 15: RelAção com Ancestrais 44
Dia 16: RelAção conjugal 46
Dia 17: RelAção com os filhos 48
Dia 18: RelAção com os amigos e rede de apoio 50
Dia 19: RelAção com o trabalho 52
Dia 20: RelAção com a casa 54
Dia 21: RelAção com o mundo 56

Agradecimentos 60

Semana 1

Vamos começar?
Além dos 15 minutos, você só precisa
estar com mente e coração abertos —
e com um celular com internet em mãos :)

Sim, a tecnologia pode ser uma aliada!
Os videos e áudios que recomendamos
em cada momento serão acessados por
QR Codes. Basta apontar a câmera do
celular (ou o app leitor de QR Code)
e clicar no link que aparecer.

Mas antes, que intenções quero plantar
ao iniciar esta jornada?

dia 1

Despressurize.

inspira

Parabéns por se permitir iniciar essa linda jornada! Para começarmos com o pé direito, precisamos nos aliviar de tanta pressão.

O nosso momento inspira começa com um micro podcast inaugural, apresentando a dinâmica que criamos e já te fazendo um convite inspirador e importante: DESPRESSURIZE.
Vem com a gente?

Respira

Se também ficou sem fôlego com a pergunta do final do podcast, respira. Separamos uma meditação do livro "A Dança", de Oriah Mountain Dreamer, para te ajudar a assentar e assimilar o que levantou por aí. Vá para um lugar silencioso, feche os olhos, aperte o PLAY e entregue-se.

Porque você está precisando dessa jornada?

Pira!

Ooopa! Agora que se preencheu de si, hora de ocupar esse lugar de poder movendo corpo (e alma). Coloque o som alto (ainda que no fone), sinta cada palavra, cante e dance livremente com "Germinar", da maravilhosa Flaira Ferro.

dia 2 — Esvazie-se.

Agora que já aliviou a pressão que coloca em você mesma, é dia de esvaziar-se do excesso que carrega...
para preencher-se de si.
Vamos lá?

inspira

Para começar o dia inspirada, nada melhor que essa poesia maravilhosa de Viviane Mosé. Dá tempo de escutar e reescutar, pois ela só tem 2 minutos e uma sabedoria in-fi-ni-ta. Depois dela, esperamos que nunca mais prenda seus poemas!

Respira

Para o momento respira de hoje, selecionamos uma meditação do canal Yoga Mudra, de Raíssa Zoccal, inspirada na famosa prática havaiana de Ho'oponopono — uma ferramenta de autocura usada por milhões de pessoas no mundo.

Sente-se confortavelmente, feche os olhos e conecte-se com a sincera intenção de limpar e transmutar o que precisa ir:

> Nota: essa prática fala de autorresponsabilidade, no sentido da nossa habilidade em responder e cortar padrões — não de nos culpar pelo que nos aconteceu. Ele é muito poderosa, mas não se aplica a qualquer caso. "A culpa nunca é da vítima".

3 palavras que descrevem o que sentiu:

pira!

Como diz Viviane, "em caso de poemas difíceis, use a dança!" E hoje vamos misturar o funk com uma técnica poderosa e inovadora de liberação de estresse: a T.R.E., que ativa tremores musculares involuntários, capazes de nos esvaziar de tensões muito profundas. Entenda o método vendo apenas 2 minutos do vídeo do primeiro QR Code (do segundo 0:44 ao minuto 2:44) e depois…

PIRE com 3 minutos de Dream Team do Passinho, que faz o baile todo tremer.

dia 3 — Desacelere.

Hoje é dia de desacelerar — algo quase impensável para muitas de nós, mas totalmente viável nestes 15 minutos.

Por isso, hoje, excepcionalmente, não teremos o momento PIRA, mas duas pílulas mais lentas e inspiradoras, que vão nos ajudar lindamente a entender e praticar esse desacelerar tão desafiador.

respira

Para começar o dia, traduzimos a palestra no TEDx da musa Julie Gautier — mergulhadora, coreógrafa e diretora de filmes subaquáticos — que fala exatamente da importância de respirar e desacelerar. Resista à tentação de acelerar o vídeo e a escute com presença. Vale cada segundo.

# inspira

A pílula inspira ficou para o final, para fechar com chave de ouro. Com vocês, "AMA", um filme silencioso de Julie Gautier de tirar o fôlego.

Maravilhoso, né?
Se tiver mais 5 minutos
e sentiu falta do momento Pira,
a dica de hoje é fechar os olhos e deixar
seu corpo dançar lenta e lindamente
ao som de "Silencia", de Ceumar:

dia 4 — PODA.

Depois de despressurizar, esvaziar e desacelerar, a proposta de hoje é fazer uma poda intencional, para que mais vida possa crescer em nós.

inspira Para começar, compartilhamos um texto inspirador da querida Carol Bergier. Não precisa assistir o vídeo recomendado por ela agora, para não passar dos nossos 5 minutos combinados (mas vale salvar para depois).

Respira

A proposta de hoje é inspirada em uma dinâmica do Corpo En.Canto, da maravilhosa Natasha Lherena (que a Tati chama de "doula de renascimentos"!), um método poderoso de poda, em 3 passos:

1 Respire fundo e, com total presença, reflita e escreva num papel aquilo que deseja podar. Tópico por tópico. Pode ser um hábito, um projeto ou uma pessoa (sim, é difícil, mas importante podar relações tóxicas também, né?).

2 Se possível, vá até um local na natureza, abra um buraco na terra e, dentro desse buraco, grite (ou sussurre), tudo aquilo que sente sobre esta lista e deseja deixar ir. Invista nesse ato toda sua intenção e atenção (o famoso *mindfulness*). Perceba cada movimento e sentimento que emergir. Sem julgar.

3 Queime seu papel com segurança, deposite as cinzas na terra e feche o buraco. Ou, se não puder fazer o passo 2, simplesmente queime seu papel em casa e jogue as cinzas na privada. Sinta tudo indo embora na hora de dar a descarga. Despeça-se e agradeça.

Para nosso momento *Pira!* de hoje, trouxemos um vídeo da Roberta Quadros, que nos ensina um soco do karatê. A ideia é você iniciar o vídeo no minuto 4:44 e pausar no minuto 6. Assim, garantimos que você entendeu minimamente o movimento para fazer colocando força e velocidade, sem se machucar. Se possível, faça em frente a um espelho.

Repare que esse exercício permite que você coloque energia para fora, mas de maneira focada, certeira. De certa forma, também trabalhando o conceito de poda: "O que pontualmente e intencionalmente quero podar?" Experimente na expiração, soltar um barulho, um "Ra" ou "Uh", "exteriorizando" sua energia… e boa piração!

Então, vamos lá? 1 minuto e 15 segundos de vídeo e o resto de prática!

dia 5 — Perdão & Aceitação

Nestes últimos dias, estamos entrando fundo em nós mesmas, e hoje, aperte os cintos! Vamos trabalhar o perdão e aceitação.

Inspira

Trouxemos um texto da Dani, do livro "Mulheres que Soul", que trata ambos os assuntos. Topa refletir sobre isso? Estimamos a leitura em 7 minutos. Com vocês, o capítulo Autoajuda:

Respira

Criamos uma prática especial para hoje, muito profunda, sobre autoperdão. Faça sozinha, sentada, com os pés no chão e, se possível, com um espelho à sua frente. Ao lado, um áudio para te guiar nessa linda experiência (que fica ainda melhor de fone).

Pira

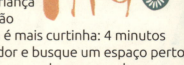

Propomos agora uma brincadeira de criança que nos faz nos render e aceitar que não temos o controle de tudo. Essa prática é mais curtinha: 4 minutos são suficientes. Coloque seu despertador e busque um espaço perto do sofá ou cama. Tire objetos que possam quebrar ou machucar e... volte a ser criança por um momento. Rode, rode, rode até sentir que está perdendo o controle, então se dirija ao sofá ou à cama.

ATENÇÃO: Se você tiver labirintite, não faça.
Como alternativa, você pode deitar no chão e escrever uma carta mental para alguém com quem você ainda tenha algo não perdoado, não resolvido, ou uma carta para algo que precise aceitar.
Em voz alta é ainda melhor.

Mas se topar RODAR... Ao deitar-se observe, sem julgamento...
Como o corpo ficou? Quanto tempo demorou para voltar ao normal? O quanto, ao rodar, manteve o controle?
Como foi estar fora do controle? Quão preocupada ficou em não cair e não se machucar? O quanto perto do limite foi?
O quanto, simplesmente, se permitiu curtir o processo?

Anote, se quiser, o que vier...

dia 6

LIMITES.

Hoje vamos refletir sobre LIMITES — tão importantes para dar contorno ao que queremos viver e criar.

inspira

Para começar, criamos um vídeo costurando algumas falas que nos tocam muito sobre o tema e podem mudar a forma com que olhamos para esse assunto tão difícil e importante. Topa refletir conosco?

Para o momento Respira, a Renata Stein, artista de múltiplas linguagens e terapeuta maravilhosa, criou um áudio exclusivamente para essa jornada, que vai te conduzir numa gostosa exploração dos limites do seu corpo. Demais, né? Aperte o play e aproveite esse presente!

Respira

Para nosso momento PIRA, trouxemos uma experiência inspirada nas dinâmicas vividas pela Dani com Prem Samit e Morena Cardoso que nos ajuda a liberar os "nãos" não ditos.

Instruções: Encontre um espaço para poder caminhar, mesmo que pequeno. Se precisar, avise em casa que vai fazer um exercício barulhento. Ou ainda, convide seus filhos pequenos para fazerem juntos... pode ser gostoso.

Coloque a música indicada no QR Code abaixo. A ideia é você começar a andar e ir acelerando cada vez mais, com a cabeça baixa, olhando para o chão. De vez em quando, parar brevemente, levantar a cabeça, e dizer, gritar, falar: NÃO!

Fale com a voz, com corpo e com a alma. Diga os "nãos" que sua mãe, vós e bisavós não puderam. Grite "não!" às injustiças, ao desrespeito, à exploração, ao patriarcado, ao feminicídio, ao racismo, "não!" ao que ressoar internamente como algo que invade o seu espaço sagrado.

Esses "nãos" devem ser ditos com vontade, buscados das entranhas, sem medo e sem vergonha. Caso realmente não possa fazer barulho, grite apenas com corpo e com a alma. Quando parar e quando andar? Quando der vontade.

A música para te acompanhar nessa andança em transe é essa:

dia 7 — Ressignificar.

Ao longo dos últimos dias, mergulhamos em nós mesmas. Vimos que temos coisas a mudar, outras a aceitar ou até podar... Agora, é hora de ressignificar nossa forma de olhar e sentir os eventos passados que nos prendem. Eles não podem ser mudados, mas talvez possam ser ressignificados.

inspira

Fizemos um pequeno áudio introdutório para deixar claro o conceito que estamos usando como referência e, em seguida, compartilhamos um vídeo para lá de inspirado, o curta "Como Seria", de Daniel Gonçalves.

Escute primeiro o áudio

Veja em seguida o vídeo

24

Respira e Pira!

Então, pronta para ressignificar, na prática? Pois hoje, juntamos o momento Respira e Pira em um exercício especial criado para te apoiar nesse processo. Abaixo, as instruções:

1) Escolha um único evento passado, de preferência da sua infância, quando era menina, sobre o qual você sente que ainda tem alguma mágoa, que te prende, que ficou marcado. Escolha apenas 1 evento, que não seja um trauma grande. Para esses, seria importante ter apoio profissional, ok?

2) Coloque o evento escolhido no papel — um fato dele. Algo curto, apenas para representá-lo e, na sequência, coloque no chão outros dois papéis: um escrito PRESENTE e, no outro, FUTURO.

3) Crie uma linha do tempo no chão. Comece colocando o papel 1 ("PASSADO — fato do evento"). Uns 4, 5 passos adiante, coloque o papel 2 ("PRESENTE"). Dois passos adiante, o papel 3 ("FUTURO").

4) Aperte o play e deixe o áudio que fizemos com muito carinho para o dia de hoje te guiar nesse processo especial.

O que ressignificou? Anote para não esquecer!

Semana 2

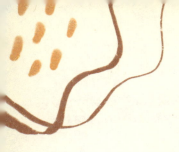

Oba! Chegamos na segunda semana. Agora vamos nos apropriar dos nossos poderes.

Use este espaço para anotar os melhores *insights* e sacadas durante a semana...

Com quais poderes tive mais facilidade?

E com quais tive mais dificuldade?

Como posso me comprometer a continuar investigando?

dia 8

Poder do Autoamor.

Depois da limpeza dos últimos dias, chegou a hora de nos apropriarmos dos poderes que já temos, mas que não acessamos com frequência. Começaremos pelo mais básico: o poder do autoamor — e alguns de seus desdobramentos.

 *inspira*

Com vocês, novamente abrindo a semana, a maravilhosa Flaira Ferro, dessa vez com a música "Ótima", versão à capela, que tem o poder de mudar sua frequência na hora! Cante, dance, e sinta cada frase reverberar.

Bom né? Autoamor é um poder base, que se desdobra em muitos outros: confiança, otimismo, leveza, positividade — que, por sua vez, viram base para gratidão, resiliência e fé…
Um verdadeiro ciclo virtuoso!

Para o momento respira, preparamos
uma dinâmica simples para te ajudar a conectar
com a poderosa vibração da gratidão:

Respira

Aperte o play na música do QR Code, feche os olhos,
respire calmamente e se conecte com cada pessoa
ou situação na vida pela qual é grata.
Não tem ordem de importância,
simplesmente deixe vir, acolha o que emergir
e deixe ir, até a música acabar.
Simples, gratificante e poderoso.

Para encerrar o ritual nessa vibe boa, mais música (e um bônus surpresa, na sequência)! Hora de pirar, dançar, se divertir e cantar com a alegria e leveza de Gil e amigos em "Andar com fé"!

Bom demais, né? E como temos mais alguns minutos e a fé nos ajuda a ter mais resiliência, um bônus especial: um trecho do Oráculo HouHou, para a carta "Resiliência". Que a poesia intocável da água lhe toque como nos toca.

A água não tem uma forma única, senão todas: ela se molda conforme o molde, sem perder sua essência. Há uma poesia intocável na água que evapora, mas resgata seu sentido único de voltar ao oceano. E, para isso, ela não confronta, mas sim contorna qualquer obstáculo. Pois ela sabe que é preciso seguir em frente. Essa é a diferença entre Resistência e Resiliência. Quando somos flexíveis e adaptáveis, as possibilidades se expandem. A Resiliência desperta nosso instinto e permite que nosso corpo dance de acordo com a canção universal.

dia 9 — PODER ALQUÍMICO

Hoje vamos trabalhar um poder muito importante, nosso poder alquímico. Como podemos nos acolher através da energia dos 4 elementos?

Fizemos algo lindo para vocês, produzido a 6 mãos. Escrito por Dani, interpretado por Tati e sonorizado pela Playade, do Caio, filho da Dani. Coloque o fone para melhorar a experiência e desfrute! Com vocês… "Vem ser pequena."

inspira

Gostou? Agora escolha um dos elementos (fogo, ar, terra ou água) e se acolha nele para receber seu afeto. Isso mesmo: presenteie-se com 5 minutos respirando nos braços de um dos elementos... Use um alarme para não se preocupar com o tempo. Compartilhamos abaixo algumas ideias, mas pode fazer o que vier à cabeça.

ÁGUA: Entre no chuveiro, sente-se no chão e respire. Passe as mão em seu corpo como se estivesse limpando as feridas, retirando as armaduras. A cada passada de mão, pense que está desapegando de memórias, desapegando de afetações. Mande pro ralo aquilo que não quer mais.

TERRA: Encolha-se na cama em posição fetal, abrace-se e respire fundo... serão só 5 minutos, permita-se. Imagine seus pais com você no colo, acariciando, recebendo de todos seus ancestrais a força para esse momento. Imagine-os apenas te acolhendo, te ouvindo e dizendo que te amam incondicionalmente.

respira

AR : Penteie-se na frente do espelho, com calma, e respire observando cada marca do rosto, a abstração do tempo, as passagens... Se a mente divagar para algo que não esteja bom, agradeça e volte para o ponto do tempo. Nada é tão ruim que não passe e nem tão bom que perdure... Dentro de todo o mistério da mudança, o que permanece em sua essência? O que permanece de sua criança? Esse é o foco: "O que quero que permaneça, no meio dos vendavais?" Ou "O que quero que se vá com o vento?"

FOGO: Passe creme em si, em cada parte do corpo, com calma e respire... amolecendo os músculos, aquecendo, acariciando. A cada passada de mão, pense coisas boas a seu respeito, fale para você palavras gentis e amorosas, como *"Me amo"*, *"Sou mais do que suficiente"*, *"Sou bela do meu jeito"*, *"Eu mereço o meu amor"*...

PIRA!

Agora coloque o despertador de novo para tocar em 5 minutos e escreva ou faça um áudio narrando quais sensações você teve nesse último exercício, sem pensar muito. Aqui o ponto é botar para fora. Não precisa ser nada elaborado. Se não souber o que falar ou o que escrever, fale exatamente sobre isso. O ponto aqui não é o que vai sair. Ninguém vai ouvir ou ler. A ideia é liberar "poemas presos", mesmo que sem nexo, confusos, abstratos. Cinco minutos soltando o que tiver que sair... Pode ser surpreendentemente delicioso, ou super esquisito. Acolha o sentimento que vier, com curiosidade, sem julgamento. Não há certo ou errado.

dia 10 — O poder do feminino e do masculino.

Como sabem, estamos na semana de apropriação de nossos poderes, e hoje vamos trabalhar duas energias que regem o mundo: o poder do feminino e do masculino.

O feminino e o masculino são forças presentes em todos seres humanos, independente de como se identificam. A harmonização entre essas energias é extremamente importante para que consigamos atingir nossa inteireza enquanto ser. Por isso, a pílula de hoje é um trecho de um ebook escrito pela Dani, "Isto ou Aquilo". Ele traz, de forma poética, uma reflexão sobre a dança entre essas energias — e o que sentimos quando estão desbalanceadas.

inspira

Hoje, mais uma vez, vamos misturar nosso momento Respira com Pira. Para isso produzimos uma experiência retumbante, baseada nos trabalhos de Gabriela Roth — 5 ritmos — e de Janaina Benke — Prem Samit. A ideia é vivenciar o feminino, o masculino, o caos e a hamonia. Busque um local com espaço para dançar, coloque a música, entregue-se e observe o que o corpo pede em cada som.

Respira e Pira!

Como foi experimentar no corpo a força dessas energias?

dia 11 — Poder Físico.

Hoje vamos trabalhar nosso poder físico. Não é novidade que, para manter a saúde, é super importante fazer exercícios, se alimentar e dormir bem, mas muitas de nós, na corrida do dia a dia, não damos conta de manter esse cuidado, e só vamos correr atrás do prejuízo quando a saúde começa a dar sinais.

Para nos inspirar, trouxemos Anna Halprin, que faleceu em 2021, com 101 anos, pouco antes de criarmos a jornada. Conhecida como uma das fundadoras da dança pós-moderna, foi uma mulher muito à frente de seu tempo. Vale a pena conhecê-la.

inspira

Na busca pela longevidade com saúde, que tal praticarmos os 5 ritos tibetanos? Esse é um conhecimento milenar que tem múltiplos benefícios. Separamos um videoguia, feito pela Parmatma Cris, delicinha de fazer. Para caber em 5 minutos, faça apenas 5 repetições de cada movimento para conhecê-los. Se tiver mais tempo e o corpo pedir (e permitir), pode aumentar até 21.

respira

E para te deixar aquecida (esperamos que não tão dolorida), um pouco mais de exercício nessas coxas para aguentar todo o peso do dia, numa boa!
Aperte o play e tente acompanhar as musas do ButiYoga por até 5 minutos (ou menos).
Pire, mas não force! ;-)

dia 12 — Poder mental.

Hoje é dia de trabalhar (ou desbloquear) nosso poder mental. Vamos lá?

inspira

Vivemos a era do Burnout. Uma época de robôs humanizados e humanos robotizados. Há vários conteúdos que amamos sobre o assunto, mas sentimos que o mais importante é cuidarmos da nossa sobrecarga mental e ficarmos atentas para não virarmos máquina. Com vocês…
"(Des)humanizo", mais uma poesia do livro "Mulheres que Soul", escrita pela Dani e musicada pela Playade.

respira

Para o momento respira,
5 minutos de uma meditação do canal Yoga Sem Exagero, feita para nos ajudar a diminuir o ritmo,
ancorar nossa presença e tranquilizar a mente.

E para encerrar o dia, o convite PIRA de hoje é excelente para quem sofre de "prisão de mente" (quando muita coisa entra, e nada sai). Com papel e caneta na mão, escolha um tema sobre o qual pensa há tempos e, por 5 minutos (use o despertador), pire nele, escrevendo sem parar, sem pensar e sem tirar a caneta do papel. Ninguém precisa ler, não precisa fazer sentido.
Mas prometemos: vai fazer sentir. Pode ser libertador e até revelador!

dia 13 — Poder Emocional.

Hoje vamos trabalhar nosso poder emocional — e que poder! Ele nasce do encontro entre mente e corpo. Faz sentido, faz sentir. Faz decidir. É… Mesmo quando achamos que estamos sendo racionais, são as emoções que "mandam" na maior parte das nossas ações. Então vamos olhar para elas com o cuidado que merecem?

Para nos inspirar, um vídeo que nos arrancou lágrimas. Existem mil explicações científicas sobre emoções que poderíamos apresentar, mas esta pílula é só para você sentir junto, sem racionalizar. Impossível não se emocionar.

Historicamente somos taxadas de histéricas, fracas (emocionalmente) e sabe-se lá quais outros absurdos criados pelo patriarcado para nos oprimir… Mas podemos (e devemos!) sentir, sim. E ainda podemos entender a mensagem que nossas emoções nos trazem, aprendendo a lidar melhor com elas. Para isso, trouxemos um vídeo da Fabiana Saab apresentando a técnica do EFT para liberação emocional, conhece?
Já nos ajudou muitas vezes :)

Para nosso momento PIRA, pedimos para uma pessoa incrível preparar uma técnica disruptiva para você. Para aproveitá-la, é fundamental que realmente se entregue.

ATENÇÃO: essa é uma técnica catártica, faça o tempo que melhor servir para você. Avise a quem mora com você de possíveis barulhos e vai com tudo! Grite para fora, para o céu. Se não der, coloque um som alto ou grita no travesseiro mesmo.

O que importa é olhar para a emoção e deixar sair. Se tiver filhos pequenos, pode chamá-los para participar. Com vocês, Fernanda Faria, artista da consciência!

dia 14 — Poder Espiritual.

Hoje completamos a segunda semana da jornada! E para encerrarmos com chave de ouro a semana de apropriação de nossos poderes, vamos trabalhar nosso poder espiritual.
Não estamos falando de religião, mas de uma conexão com algo maior, não concreto, que pode ter vários nomes... Esperamos que todas se sintam totalmente respeitadas em seus credos e aproveitem a experiência.

inspira

Para nos inspirar, trouxemos a maravilhosa Clarice Lispector — trechos da obra "Uma aprendizagem ou o livro dos prazeres". Uma busca por si, pelo amor e por "Deus" dentro de nós. Esperamos que toque você!

Para você sentir fisicamente essa energia maior, trouxemos um exercício muito simples e poderoso, proposto pelo canal Tikura, para despertar a sensibilidade das suas mãos.

A explicação em si demora menos de 1 minuto. Então veja só esse trechinho do vídeo, dê uma pausa, e pratique por mais 4 minutos (coloque o despertador!). Vá experimentando distanciar e aproximar as mãos. Se não sentir nada, tá tudo bem... é com o tempo que vamos ganhando sensibilidade. Pratique com a curiosidade de uma criança, percebendo as sensações e curtindo o processo, sem expectativa ou ansiedade pelo resultado. O poder está em suas mãos!

Para finalizar, te convidamos a dançar a música "Hallellujah", na voz da maravilhosa Alexandra Burke, se conectando profundamente com você mesma, com tudo que você ama, com a força criadora, com a natureza.

Busque tornar sagrado cada movimento, como se estivesse se abençoando, abençoando seus entes, abençoando sua casa, sua cidade, nosso país e o mundo. Dance como se de suas mãos saíssem luzes e bençãos. Como se fosse o(a) próprio(a) Deus(a), o mistério, a força criadora. Aproveite! Ah, e se tiver velas, apague as luzes, feche as janelas (se for de manhã) e sinta a sensação incrível de dançar à luz de velas.
Esperamos que curta muito esse momento mágico.
E que seu dia seja maravilhoso!

Semana 3

Chegou a hora de "subir a curva do U"
e trabalhar nossas relações com o mundo.
Volte nessas páginas durante os próximos dias e anote:

O que mais amei...

Quais desses rituais mais me tocam?
O que posso inserir facilmente na minha rotina?

dia 15 — Relação com Ancestrais.

Estamos iniciando nossa terceira semana de jornada e essa tem uma característica muito diferente da última: vamos tratar das relações. "Eu não sou o outro, mas não sou sem o outro"... Hoje, vamos começar pelo que vem primeiro: nossa relação com nossos ancestrais.

inspira

Você já se deu conta de que, apesar de todas as dificuldades da vida, muito do que vivemos pode ter sido sonhado por nossos ancestrais? Já parou para pensar ou sentir o quanto ainda carrega das suas dores, medos e desejos? Em um exercício lindo que fez durante a Jornada Corpo En.Canto, de Natasha Lherena, Tati criou essa carta para sua versão de mil anos atrás. Compartilhamos aqui, pois sentimos que todas somos árvore: raiz e fruto ao mesmo tempo. Isso ressoa em você, de alguma forma?

respira

É... o tempo não nos parece linear. Por isso, te convidamos agora a honrar seus ancestrais através de mais uma meditação linda do canal Yoga Mudra, baseada numa oração *Nahuatl*. Sente-se em um lugar confortável, aperte o play e se deixe ser conduzida por essa bela jornada.

Para nosso momento PIRA, estamos trazendo a super Gal Martins para te guiar numa potente experiência corporal de decolonização da ideia de corpo idealizado, de padrão de beleza estigmatizado pelo patriarcado. Assista do ponto que deixamos até o minuto 25:21. Quase 8 minutos para você ir além de si —
já que o inspira hoje foi mais curtinho :)

dia 16 — Relação Conjugal.

Hoje vamos refletir sobre questões críticas na nossa relação com nosso(s) companheiro(s) e/ou companheira(s), especialmente quando são pais ou mães de nossos filhos. Mesmo que esteja solteira ou não tenha filho, vale refletir junto... Topa?

inspira

Trouxemos um texto corajoso da Dani, do livro "Mulheres que Soul", sobre o erro de colocar os filhos em primeiro lugar, antes de você mesma. Leia com o coração aberto e permita-se refletir sobre, ainda que não concorde. Sejamos cachoeira, cuidemos da nossa fonte.

Que tal colocar atenção em nossa energia sexual?!

Hummm... Para isso, trouxemos um exercício de pompoarismo. Além de muitos outros benefícios, pode aumentar nossa lubrificação e libido. Você pode praticar a qualquer hora, o que te ajuda muito e ninguém nem vê. Mas faça hoje com presença. Sinta o músculo contrair, perceba se é fácil ou não, sem julgar.

O vídeo que escolhemos é da Ana Gehring, fisioterapeuta pélvica e idealizadora do @VaginaSemNeura. Ele é longo, mas o primeiro exercício leva em torno de 5 minutos. O QR Code já entra diretamente nele. Se quiser e tiver tempo, pode fazer o segundo, mas ciente que o tempo vai extrapolar, ok?

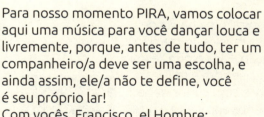

Para nosso momento PIRA, vamos colocar aqui uma música para você dançar louca e livremente, porque, antes de tudo, ter um companheiro/a deve ser uma escolha, e ainda assim, ele/a não te define, você é seu próprio lar!
Com vocês, Francisco, el Hombre: Triste, Louca ou Má.

dia 17 — Relação com os Filhos.

Hoje é dia de trabalhar nossa relação com os filhos — algo fundamental não só no nível pessoal, como coletivo. Afinal, estamos criando cidadãos. Nesse sentido, toda mãe é uma empreendedora social importantíssima para o mundo. E mesmo que não seja mãe, essas pílulas vão fazer sentido para você também.

inspira

Somos importantes, mas estamos sobrecarregadas, não é mesmo? Então, para nos ajudar a não pirar (literalmente) com os pequenos, Elisama Santos, referência em educação não violenta, compartilha um conceito que pode ser muito útil para nossa maternagem e qualquer outra relação da vida, pois ajuda a lidar melhor com aqueles nossos momentos de raiva: o da curiosidade gentil. Veja aqui em 5 minutos e, depois, permita-se mergulhar no universo de conteúdos dela sobre o assunto.

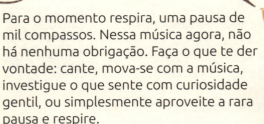

Para o momento respira, uma pausa de mil compassos. Nessa música agora, não há nenhuma obrigação. Faça o que te der vontade: cante, mova-se com a música, investigue o que sente com curiosidade gentil, ou simplesmente aproveite a rara pausa e respire.
Com vocês, Marisa Monte cantando Paulinho da Viola, "Para ver as meninas":

Como diz o provérbio africano: "É preciso uma aldeia para educar uma criança". Então liberte-se de qualquer culpa, PIRE e dance junto com o novo clipe que fizeram para o clássico de Nina Simone "I'm feeling good" (em tradução livre, quer dizer "estou me sentindo bem").
Afinal, sentir-se bem sendo mãe é um ato político de resistência.

E como ainda há tempo, siga pirando com essa interpretação imperdível da música em libras (e legendas), feita pela incrível Anne Magalhães.
Sim! Hoje teve música em dose tripla… para simbolizar nossa jornada múltipla! ;-)

dia 18 — Relação com Amigos e rede de Apoio.

Hoje vamos refletir sobre a nossa relação com nossos amigos e nossa rede de apoio. Você se sente acolhida e apoiada? Dá conta de ser apoio para sua rede?

inspira

Para começar de forma impactante, trouxemos um pedacinho de um trabalho fascinante da Anna Costa e Silva, uma artista brasileira que adoramos, pessoal e profissionalmente. Anna documentou a experiência de oferecer ajuda. Esperamos que o trabalho leve você a inúmeras reflexões, como fez conosco…
Não deixe de assistir o vídeo no site dela!

vespira

Para respirarmos e deixarmos fluir nossas relações, criamos um áudio guia para a construção de uma mandala. Então, pegue uma caneta e um papel (de preferência A4, mas servem outros), aperte o play e solte-se.

Para nosso momento PIRA, que tal voltarmos à época de nossa adolescência, junto de nossas amigas? Escolha uma música que retrate aquele seu momento — e PIRE nela! A que a gente mais pirava junto com nossas outras irmãs é "Lança Perfume", da eterna rainha do rock Rita Lee. Delícia demais!

Se quiser ir além, chame uma amiga para essa viagem no túnel do tempo… Dani chamou a Ale, professora de dança e networker, que se gravou pirando (vídeo no QR Code acima)!! Se quiser se insPirar nela, grave um vídeo seu e mande para sua amiga (e para gente também, se quiser, vamos amaaar)!

Nem sempre damos conta de ser apoio para nossa rede, né? Mas um simples vídeo, áudio ou telefonema surpresa, sem muito propósito, às vezes é o suficiente para reconectar com toda aquela intensidade outrora vivida.
O afeto não tem data de validade.

dia 19 — Relação com o trabalho.

Em um mundo tão competitivo e machista, nossa relação com o trabalho ainda envolve muitas muitas lutas, desequilíbrios e pressões.

Então para começar bem o dia, vamos com a maravilhosa Roberta Estrela D'alva, interpretando "Dura Ação", um poema sobre a importância de lutar, sem endurecer.

De tirar o fôlego, né? Mas respira... A proposta agora é refletirmos sobre essa busca pelo equilíbrio entre dureza e ternura, ao som das ondas bi-neurais, que proporcionam maior retenção de conhecimento.

Crie de 3 a 6 afirmações sobre trabalho, que reflitam parte do que você é e parte do que deseja para si. Repita-as com real intenção e presença por 5 minutos, ouvindo as ondas bi-neurais deste QR Code. Ao repetí-las, busque sentir como se já fossem verdade.

Sabemos que as afirmações podem parecer estranhas para quem não as pratica. Mas são formas poderosíssimas de semear o inconsciente com positividade — um truque para fazer nosso cérebro (mesmo que cético) trabalhar a nosso favor.
Afinal, nossos pensamentos ajudam a criar nossa percepção do mundo e, portanto, nossa realidade presente e futura.
Por isso, permita-se experimentar.

Como diria Louise Hay:
"Não interessa os pensamentos que você teve antes. A cada novo momento você pode pensar diferente. Não importa com quais pensamentos você acordou, o que importa são os pensamentos que você pode escolher agora!"

Para ativarmos nossa energia, nossa garra, hoje vamos de Haka, a dança dos Maori — povo nativo da Nova Zelândia — famosa por ser performada por muitas equipes de rugby (entre outras) para demonstrar força e unidade. Pire vendo um trecho de 1 minuto dessa performance...

PiRA!

...e aprenda alguns movimentos com a Mônica Schiaschio, uma das líderes da Haka Brazil, nesse vídeo que já inicia no minuto 5:10. Faça os movimentos que ela ensina, com energia e intenção. Se tiver mais tempo, vale ver o vídeo todo e repetir os exercícios várias vezes.

dia 20 — Relação com a casa.

Hoje é o penúltimo dia da jornada!! Siiim! E é dia de trabalharmos nossa relação com a casa. Já percebeu o quanto sua casa influencia seu estado emocional e, ao mesmo tempo, é um reflexo dele?

Uma pergunta profunda, que a Georgete Castro terapeuta holística maravilhosa, uma vez fez à Tati e mudou sua forma de lidar com a casa e com as coisas foi... "Como você cuida do seu... chinelo?" Isso mesmo, você leu bem. Segundo ela, "o capricho é o pai da prosperidade" (ou mãe, né?). E deixar a casa arrumada é super importante para manter seu equilíbrio energético. Não estamos dizendo para pirar com a arrumação. É como na poesia de Lena Gino "Arrume a sua casa todos os dias... Mas arrume de um jeito que lhe sobre tempo pra viver nela". Maravilhoso, né? Pois para a pílula inspira de hoje, apresentamos a poesia "Casa Arrumada", na íntegra.

A proposta de hoje é simples e poderosa. Abra todas janelas da sua casa (e as portas que forem possíveis), escolha um lugar gostoso para sentar e dê play neste mantra de limpeza (também indicado pela super Georgete), no volume mais alto possível. Em seguida, coloque o despertador para 5 minutos para cuidar do tempo, feche os olhos e apenas respire lentamente, enquanto visualiza uma brisa de boas energias ou uma luz dourada entrando em cada cantinho da sua casa. Abençoe você mesma a sua casa com o melhor da sua intenção e presença. É poderoso e delicioso!

Agora é hora de varrer o que não nos serve mais!
Isso mesmo: pegue uma vassoura e varra, literalmente, por 5 minutos sem parar. Pode ser qualquer espaço da sua casa, desde que esteja intencionando varrer para fora sentimentos negativos. Para acompanhar esse ritual, recomendamos a música "Minha Prece", da maravilhosa Dandara Manoela. Sigamos juntas, para amar leve.

Extra, extra! Dica bônus da Georgete, baseada na fitoenergética (poder das plantas), para fazer antes de dormir, em um dia que esteja tranquila: a Chuva de Hortelã. Pique algumas folhas de hortelã (vale ter um vasinho em casa!) e coloque dentro de um borrifador com água filtrada por 20 minutos (não mais de 2 horas, pois perde efeito). Enquanto pica as folhas, esteja realmente presente. Agradeça pelo dia e intencione o que fizer sentido desejar na hora (fazer isso junto com as crianças é muuuito lindo). Depois dos 20 minutos, borrife essa "chuvinha de energia boa" na cabeça de quem estiver por perto e em todos os cômodos, especialmente nos cantos. A casa ainda fica cheirosa. Essa proposta não cabe nos 15 minutos, mas precisávamos compartilhar hoje...

dia 21 — Relação com o Mundo.

Hoje é o ÚLTIMO dia dessa nossa jornada!
Dia de trabalhar nossa relação com o mundo. Uma relação que pode te fazer sentir uma gota no oceano — ou o oceano em uma gota! Por isso, não vamos focar em como mudar o mundo, mas em como amá-lo.

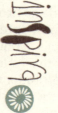

E para começar bem o dia e encerrar as pílulas inspiradoras com chave de ouro, a poesia "Libação", de ninguém menos que Elisa Lucinda, na voz dela. Escute e reescute, com a alma.

Para o momento respira, nossa proposta é que você use esses 5 minutos para criar um rezo. Isso mesmo. Uma oração sua, para você mesma, que coloque em palavras seus desejos mais profundos para você e para o mundo. Não precisa ser longo. E pode ser uma costura de frases que já te tocam. O importante é que faça sentido para você, lembrando que…
"O que faz sentir, faz sentido."

Para inspirar, compartilhamos uma oração que criamos na pandemia com trechos de músicas famosas, para nos ajudar a esperançar por um amanhã, apesar de tudo que estávamos vivendo.
Leva só 1 minuto (e sobrou tempo do Inspira!)

Ahhh, para fechar leve e gostosin, dance, cante e pire com A Banda Mágica, celebrando a ideia libertadora de quem cuida do seu quintal, cuida do mundo inteiro! Se tiver criança por perto, chama a(s) cria(s)! Com vocês, A Banda Mágica:

Beijos, lindo dia e um brinde ao autocuidado e "ao que está sempre nas nossas mãos: a vida inédita pela frente e a virgindade dos dias que virão." Plim!

O que descobri ou aprendi sobre mim
e nunca mais quero esquecer?

Como posso transbordar essa jornada para além dos 21 dias — e inspirar outras pessoas a fazerem o mesmo?

Que jornada!

UAU! Vinte e um dias...
Como foi para você? Como se sente agora?

Não importa quanto tempo levou para chegar até aqui - ou se pulou alguma prática. Parabéns pela coragem de mergulhar em si. E obrigada pela confiança e pela entrega. Saber que a energia que depositamos nesse livro te tocou de alguma forma significa muito para nós. Muito, muito mesmo.

No link do Qr Code abaixo, você pode contar tudo para a gente - ou o que sentir de compartilhar. Quem sabe suas palavras não inspiram outras jornadas? Foram os relatos das mulheres que participaram da jornada piloto que nos encorajaram a transbordá-la em livro. E por falar em transbordamento... Esperamos que você passe a buscar, intencionalmente, essas doses diárias de inspiração, respiração e... piração!

Afinal, se há alguma conclusão desta jornada é que ela não acaba aqui. Mas o livro, sim.
E o sentimento entre nós é de pura gratidão*.

*Gratidão: a reza da nossa alma; uma prática na qual nos tornarmos conscientes dos verdadeiros tesouros da vida. É quando hornamos o que temos e a oportunidade de doar.
Verônica Alves (fonte: livro Guia do Oráculo Houhou)

 # às mulheres QUE COLABORARAM COM A PRODUÇÃO DESTE LIVRO

TUDO, absolutamente tudo que produzimos e curamos foi inspirado ou apoiado por alguma outra mulher. Gratidão e admiração infinita às maravilhosas que trabalham ou trabalharam como curadoras e curandeiras — e às que colaboraram na nossa pesquisa inicial, tornando a jornada ainda mais potente e plural.
Um agradecimento especial às duas deusas que permitiram que esse livro chegasse à sua mão, de forma tão especial:

 A Marina, fundadora da Cadernicos, que deu corpo (e alma!) à jornada, levando a experiência do livro para outro patamar com suas ilustrações e intervenções;

A Bel, fundadora da Bambual Editora, que acreditou no livro assim que soube da campanha e se comprometeu em publicá-lo e disponibilizá-lo em várias livrarias pelo Brasil.

Honra máxima ter essas tantas artistas, empreendedoras (e amigas!) cocriando esta jornada conosco.
Para visualizar todas as fontes de inspiração da jornada em um único lugar, acesse aqui:

 E BENFEITORES QUE APOIARAM NOSSA CAMPANHA

Acácia Furuya, Adriana Calabrese, Adriana de Cássia Zanca, Adriana leite, Adriana Sampaio Leite, Alena Barros, Alessandra Okada Teixeira Ferreira, Alex Bretas Vasconcelos, Alice Mathea Boll, Alinhavado no Papel, Amanda Cristhie, Ana Abreu, Ana Carolina Arruda, Ana Cristina de M Araujo, Ana Paula Brasil, Angelica Maciel Auricchio, Aninha e Sí, Arturo Conde Edo Rodrigues, Barbara Brandão, Beany Guimaraes Monteiro, Beatriz Leite Maia, Beatriz Novaes, Bel Motta, Bernardete Merotto Benini, Bia Siqueira, Caio Leite, Camila Carvalho Vilela de Moraes, Camila Coelho dos Passos, Camila Macalossi, Carine Berteli Cardoso, Carla Albuquerque de Oliveira, Carolina Bergier, Carolina de Carvalho Duarte Guimarães, Carolina Fernandes, Carolina Leite, Cecilia Leite, Cecilia Sampaio Rodrigues, Clarissa Nicolaiewsky, Clarissa Ribeiro Huguet, Claudia Franceschi, Cris Cechinel, Cristiana Rodrigues da Cunha, Cristina Casal de Xerez, Cristina Ferrari, Cristine Pombo, Cynthia Pinto, Daniela Cabrini, Daniela Cavichio Savage, Daniela Kussama, Diana Sueli Vasselai, Simão Douglas Alves de Souza, Elaine Medeiros, Elena Campos, Eliane Butin, Elioni Arruda Nicolaiewsky, Elisa Martins, Elizabeth Souza Pamplona Esteves, Erica Machado Pereira, Fabi Freire, Fabio Ferraz Pereira Memoria, Fatima Fernandes Rendeiro, Felipe de Souza da Costa Barros, Fernanda Faria dos Santos, Fernanda Fattori Sanchez, Fernanda Imperatrice, Fernando Aranha, Flavia Britto, Gabi Guimarães, Geiscielli Lazaretti Benelli, Giselle Borba Correa Sampaio, Gloria Maria Póvoas de Arruda, Impacto, Isabella Calaza, João Marcello Macedo Leme, José Caetano Costarelli, José Luiz aleixo, Julia Esteves Abreu, Juliana Chaves, Juliana Leite, Juliana Valdetaro Avallone, Laiza P Hasselmann A Franco, Larissa Alves Mendes, Leila Carmo Sampaio Rodrigues, Lelia Arruda, Letícia Castro, Letícia Machado Arruda, Lilian Carvalho Soares, Liziane Michele de Oliveira, Lucia Reiko Hosoda Yukimaru, Lúcia Silva, Luciana Trians Borges, Lucimara Anselmo Santos

Letelier, Luiz Gustavo Bretas, Luiza Coimbra Cavalheiro, Mafê Verdiani, Mara Regina Cardozo, Marcela Berardi Roos Mattiazzo, Marcela Carvalho, Marceli Amaral Bezerra, Marcia Elizabeth Plessmann, Marcia Franco Melo, Marcia R Maciel, Marcia Reed R. Coelho, Marcia Toledo, Marcio Sampaio do Prado Leite, Marco A M Leite, Marcos de Abreu Oliveira, Mari Ester Massoca, Maria Adelaide Ferraz, Maria Carmen Moraes, Maria Clara Leite, Maria do Sol Cesar de Vasconcelos, Maria Gabriela Telles Fontinelli, Maria Helena Ramos Pinto, Maria Isabel Ferraz Pereira Leite, Maria Jose Gouvea, Maria SantAnna Marquez, Mariana Mattos, Mariana Ribeiro, Mariana Villaça, Marielle Juckowsky, Marilia Risi, Marina Costa Cruz Peixoto, Marry Zerkowski, Marta Oliva Leite, Martinha Mendes, Michele Magalhães Moraes, Milene Chiovatto, Monica de Carvalho Penido Monteiro, Murilo Farah, Natasha Llerena, Paloma Azulay, Patricia Zendron, Paula Durso, Pedro Ferraz Pereira, Regina Celia Moraes Ormeneze, Regina Ferraz, Renata Carneiro Barros, Ricardo Leite da Matta Machado, Ricardo Mendes, Rita Quina, Roberta Faria, Roberta F M Guillen, Rodrigo Pipponzi, Semadar Jardim Marques, Simone Lopes Santos de Araújo, Simone Pinto, Sonia Regina Colmonero, Sylvia Helena de Oliveira Almeida, Taís Martins, Tamira Oliveira Rocha, Tassia Barreto, Tchoren Carvalho, Téia Capitanio, Teófilo André de Medeiros Barros, Thaiana Pasin, Thais Gornati Gonçalves, Thais Martins da Costa Ferreira, Thamyres Rodrigues dos Santos, Ursulla Araujo, Valéria Cristina de S Thiago Ledoux, Viviana Herrera, Wagner Andrade Costa da Silva, William Rothman, Zuleika Pinho de Abreu.

Receber o apoio e o carinho de vocês foi emocionante, uma bela dose de inspiração… Esperamos que pirem com o resultado. :)

muito obrigada!

Copyright © 2023 Dani Leite e Tati Leite

COORDENAÇÃO EDITORIAL
Isabel Valle

REVISÃO
Júlia Carvalho

CAPA, PROJETO GRÁFICO E ILUSTRAÇÕES
Marina Nicolaiewsky

Leite, Dani, 1979

　　Inspira, Respira e Pira / Dani Leite e Tati Leite - Ilustrações Marina Nicolaiewsky. 1a edição, Rio de Janeiro: Bambual Editora, 2023.

　　64p. : il.

　　ISBN 978-65-89138-47-1

　　1. Auto-ajuda. 2. Empoderamento feminino. I. Título. II. Leite, Dani. III. Leite, Tati. IV. Nicolaiewsky, Marina.

　　　　　　　　　　　　　　　　　　　　CDD 158.1

www.bambualeditora.com.br
conexao@bambualeditora.com.br